Meine kreative
WEIHNACHTSBÄCKEREI

Meine kreative WEIHNACHTSBÄCKEREI

Backen – vom Plätzchen bis zur Wintertorte

Sara Plavic

EMF

EIN BUCH DER EDITION MICHAEL FISCHER

Inhalt

Vorwort

Seit meiner Kindheit backe ich leidenschaftlich gerne – und ganz besonders mit meiner Mama zur Weihnachtszeit. Ich erinnere mich gerne an die mit Keksduft erfüllte Küche zurück, in der ich mit ihr Vanillekipferl gerollt und feine Butterplätzchen mit Streuseln dekoriert habe. So wurde meine Liebe zum Backen mit den Jahren immer größer und ich freue mich immer sehr, die entstandenen Leckereien anschließend mit meinen Liebsten zusammen zu genießen. Denn Backen verbindet Menschen – sei es beim Zubereiten oder beim anschließenden gemeinsamen Schlemmen. Nicht umsonst heißt es: „Liebe geht durch den Magen".

Besonders in der Weihnachtszeit, wenn die Tage kürzer und es draußen immer kälter wird, verbringt man mehr Zeit zu Hause. Und gerade dann ist das gemeinsame Backen eine schöne Aktivität, um mit Familie und Freunden Zeit zu verbringen und dabei gleichzeitig etwas Köstliches zu erschaffen. Das anschließende Genießen ist und bleibt natürlich das Highlight! Während dieser besinnlichen Zeit zählen Weihnachtskalorien nicht und man darf ohne schlechtes Gewissen schlemmen – vor allem wenn es um die süßen Dinge geht!

Neben den Klassikern wie Spekulatius und Zimtsternen findet ihr in diesem Buch auch neue und ausgefallene Kreationen wie Buntglaskekse, die nicht nur toll schmecken, sondern sich auch prima als Weihnachtsbaumschmuck eignen. Versüßt euch die Zeit, in der ihr euch gemütlich auf die Couch kuschelt mit weihnachtlichen Cupcake-Variationen und köstlichen Cookies.

In diesem Buch findet ihr außerdem tolle Rezepte für den Adventsbrunch, bei dem weihnachtlich aufgepeppte Waffeln und Crêpes nicht fehlen dürfen!

Auch diejenigen, die nach außergewöhnlichen Ideen für ihre Weihnachtstafel suchen, werden hier fündig: Die Weiße-Schokolade-Cranberry-Tarte und das Bratapfel-Törtchen sind nicht nur wahre Hingucker, sondern schmecken auch noch unglaublich gut.

Überzeugt euch selbst: Schnappt euch eure Liebsten, zieht die Stretchhosen an und wärmt schon mal die Backöfen vor!

Viel Spaß dabei wünscht euch eure

Sara

Küchenhelfer

Nudelholz

Vor allem zum Ausrollen von Keksteig ist das Nudelholz praktisch und essenziell. Aber auch beim Backen von Tartes kommt es zum Einsatz und darf nicht fehlen. Es gibt verschiedene Modelle aus unterschiedlichen Materialien, ich greife jedoch am liebsten zum klassischen Modell aus Holz.

Papierförmchen

Gute Papierförmchen und ein Muffinblech dürfen beim Cupcake-Backen nicht fehlen! Ich lege das Muffinblech immer mit Papierförmchen aus, die den Cupcakes beim Backen Stabilität verleihen.

Spritzbeutel und Tüllen

Für das Cupcake-Häubchen und auch generell für Verzierungen meiner Backwerke benutze ich immer einen Spritzbeutel mit verschiedenen Tüllen. Für die Cupcakes eignen sich große runde oder sternförmige Tüllen; für feinere Dekorationen kleinere Tüllen.

Keksausstecher und Teigrädchen

In der Weihnachtsbäckerei sind der Fantasie keine Grenzen gesetzt, was Keksausstecher angeht. Für meine Rezepte habe ich vor allem sternförmige und runde Ausstecher verwendet. Das Teigrädchen eignet sich ideal als Hilfe, wenn man gerade, rechteckige Sachen ausschneiden will.

Backformen

Am häufigsten benutze ich runde Backformen. Wenn man mehrere besitzt, kann man parallel backen. Für die meisten Rezepte kann man auch Springformen verwenden. Gewisse Rezepte brauchen spezielle Formen, wie z.B. eine Madeleine-Form oder Tarte-Form.

Weitere Küchenhelfer

Ich benutze zum Abwiegen meiner Zutaten eine digitale Küchenwaage und einen Messbecher für flüssige Zutaten. Zudem besitze ich eine Küchenmaschine; die meisten Rezepte sind jedoch auch mit einem Handrührgerät zu meistern. Ebenso braucht man ein Backblech mit Backpapier, Zahnstocher, ein Küchenthermometer und Rührschüsseln.

Gewürzkunde

Vanilleschote

Mit Vanille kann man hervorragend jede Art von Süßspeise verfeinern. Dafür nutzt man das Vanillemark, welches gewonnen wird, indem man die Schote längs aufschneidet und das Mark mit einem Messer vorsichtig herausschabt. Die Vanilleschoten kann man in ein Fläschchen geben und mit Wodka auffüllen. Nach einigen Monaten des Reifens hat man ein wundervolles Vanilleextrakt.

Muskatnuss, Nelken und Anis

Diese drei Gewürze vervollständigen die Weihnachtsgewürz-Palette und werden vor allem in der Weihnachtsbäckerei für die typischen Gebäcksorten wie Lebkuchen oder Pfeffernüsse eingesetzt. Am besten eignen sich gemahlene Gewürze, da sie in dieser Form den Gebrauch vereinfachen.

Ingwer

Nicht nur in der asiatischen Küche ist Ingwer beliebt, sondern auch in der Weihnachtsbackstube. Gemahlener Ingwer ist die Signaturzutat in Ingwerplätzchen und Lebkuchen, die im Englischen auch Ingwerbrot (Gingerbread) genannt werden.

Zimt

... ist wahrscheinlich das typischste Weihnachtsgewürz in Europa und eignet sich in gemahlener Form hervorragend zum Backen! Zimt verfeinert jedoch nicht nur Backwaren, sondern auch Heißgetränke und sorgt für einen kleinen Energieschwung in der Winterzeit.

Nüsse

Diverse Nüsse vervollständigen die Zutatenliste von winterlichem Gebäck und verleihen den Backwaren ein besonderes Aroma. Meist sind sie je nach Belieben auch austauschbar.

Cranberrys

Cranberrys eignen sich als Winterbeeren hervorragend zum Backen in der Weihnachtszeit. Der herbsäuerliche Geschmack verleiht den Backwaren eine besondere Note.

GRUNDREZEPT
Buttercreme

Diese etwas aufwendigere Buttercreme ist die wandelbarste aller Cremes. Man kann sie beliebig verändern, indem man frisches, püriertes Obst, Liköre, Extrakte oder Lebensmittelfarbe hinzufügt. Sie ist stabil, haltbar und gut geeignet für dekoratives Verzieren.

Zutaten

200 g Zucker

150 g Eiweiß (entspricht 5 Eiweiß)

450 g weiche Butter (Zimmertemperatur)

1. Zucker und Eiweiß in einer Rührschüssel über einem Wasserbad konstant verrühren, bis der Zucker aufgelöst ist und die Temperatur 80 °C erreicht hat. Vom Herd nehmen.

2. Das Eiweiß nun ungefähr 8–10 Minuten steif schlagen, bis die Masse abgekühlt ist.

3. Weiche Butter löffelweise unterrühren und so lange verrühren, bis eine glatte Creme entstanden ist.

4. Nach Belieben nun püriertes Obst, Liköre, Extrakte oder Lebensmittelfarbe hinzufügen und gut verrühren.

GRUNDLAGEN
Spritztechniken

Mit etwas Buttercreme und ein paar einfachen Hilfsmitteln verwandeln sich Kuchen schnell zu kleinen Kunstwerken. Ran an die Spritzbeutel und lasst euch mit ein paar Tricks inspirieren!

Material

Für Buttercreme

Mehrweg-Spritzbeutel aus Stoff

Für Schokolade

Einweg-Spritzbeutel aus Plastik

Für Cupcakes

Große Tüllen mit runden oder sternförmigen Öffnungen

Für feine Verzierungen

Kleine Tüllen mit runden Öffnungen

Für Buttercremes verwendet man am besten große Mehrweg-Spritzbeutel aus Stoff.

Für Schokolade eignen sich am besten Einweg-Spritzbeutel aus Plastik.

Hat man keinen Spritzbeutel zur Hand, kann man auch einen stabilen Gefrierbeutel umfunktionieren: einfach eine Ecke abschneiden und die Tülle in die abgeschnittene Ecke platzieren.

Es gibt jede Menge Tüllen mit verschiedensten Öffnungen und diversen Größen. Zur Verzierung von Cupcakes verwende ich große Tüllen mit runden oder sternförmigen Öffnungen.

Für feinere Verzierungen benutze ich kleine Tüllen mit runden Öffnungen, damit lässt sich präzise arbeiten.

Das perfekte Häubchen auf den Cupcakes gelingt, indem man zunächst in der Mitte ein wenig Buttercreme aufspritzt, jetzt von außen nach innen und gleichzeitig von unten nach oben um die Buttercreme in der Mitte die restliche Creme aufspritzen.

TORTEN UND KUCHEN

Nicht nur Plätzchen gehören zur Weihnachtszeit. Wer für die Advents- oder Weihnachtstafel einen Kuchen oder eine Torte sucht, ist hier genau richtig. In diesem Kapitel findet ihr alles, was das Bäckerherz höher schlagen lässt – vom leicht zuzubereitenden Tannenbaum-Gugelhupf bis hin zu aufwendigen Torten.

TANNENBAUM-Marmorkuchen

Eine himmlische Kombination aus Schokolade und Marzipan versteckt sich in diesem leckeren Tannenbaum-Gugelhupf! Dieses köstliche Tannenbaum-Wäldchen ist schnell gemacht und wirkt außerdem sehr edel auf der Kaffeetafel!

Zutaten

(1 Tannenbaum-Gugelhupf-Form mit Ø 2o cm)

Für den Teig

280 g Butter
150 g Zucker
6 Eier
200 g Marzipan
150 g saure Sahne
350 g Mehl
1 TL Backpulver
50 g Mandeln
3 EL Rum
3 EL Kakao

Außerdem

Puderzucker zum Bestäuben

Tipp

Wer keine Tannenbaum-Form besitzt, kann diesen Kuchen auch in jeder beliebigen Gugelhupf-Form backen!

1. Ofen auf 170 °C Umluft vorheizen. Gugelhupf-Form fetten.

2. Butter mit 100 g Zucker in einer großen Rührschüssel cremig schlagen. Eier trennen und das Eigelb nach und nach während des Rührens zur Buttermasse hinzugeben.

3. Das Marzipan in kleine Stücke schneiden oder zupfen und ebenfalls während des Rührens zur Teigmasse hinzugeben. Zu einem geschmeidigen Teig verrühren. Währenddessen das Eiweiß mit 50 g Zucker steif schlagen.

4. Zum Schluss die saure Sahne zum Teig hinzugeben und vermengen. Mehl mit Backpulver vermengen. Anschließend das Mehl und das Eiweiß portionsweise langsam unter den Teig heben.

5. Die Hälfte des Teigs nun in die Gugelhupf-Form geben. In die andere Hälfte die Mandeln, den Rum und den Kakao geben und gut vermengen. Anschließend die Form mit Teig füllen. Mit einer Gabel oder einem Holzspieß den Teig verwirbeln.

6. Den Kuchen etwa 40–45 Minuten backen, bis ein in den Kuchen gestecktes Holzstäbchen trocken herausgezogen werden kann. Abkühlen lassen. Anschließend aus der Form stürzen und mit Puderzucker bestäuben.

ZIMT-ROSINEN-Kuchen

Dieser Kuchen ist die ideale Lösung, wenn sich kurzfristig Besuch ankündigt. Die Zutaten hat man meistens schon zu Hause und die Zubereitung ist schnell und einfach. Die Rosinen und der Zimt verleihen dem Kuchen eine besondere, winterliche Note.

Zutaten

(1 Kastenform)

220 g Mehl
Salz
220 g Butter
220 g Zucker
1 TL Vanilleextrakt
5 Eier
200 g Rosinen
1 EL Zimt

1. Den Ofen auf 180 °C Umluft vorheizen und die Kastenform einfetten. Mehl mit einer Prise Salz vermengen und beiseitestellen.

2. Butter mit Zucker hell aufschlagen (etwa 8 Minuten) und das Vanilleextrakt hinzufügen.

3. Eier leicht verquirlen und langsam während des Rührvorgangs dazugeben.

4. Zum Schluss auf einer niedrigeren Rührstufe das Mehl langsam hinzugeben. Etwas Mehl aufheben, die Rosinen darin schwenken und diese dann unterheben.

5. Den Teig in 2 Hälften teilen. Zimt zu einem Teil hinzugeben und gut verrühren.

6. Nun den Teig abwechselnd in die Kastenform geben und mit einer Gabel den Teig verquirlen. Den Kuchen für 50 Minuten backen und danach mindestens 30 Minuten lang abkühlen lassen.

APFEL-TARTE-TATIN
mit Ahornsirup

Diese leckere Apfel-Tarte-Tatin ist mit feinem Ahornsirup und karamellisierten Walnüssen verfeinert, am besten direkt warm genießen!

Zutaten

(1 gusseiserne, backfeste Pfanne)

Für die Tarte

120 ml Ahornsirup
120 g Butter
Vanillemark aus ½ Vanilleschote
3 Äpfel
1 Packung Blätterteig

Für die karamellisierten Walnusskerne

60 ml Ahornsirup
50 g Walnusskerne, gehackt

Für die Creme

120 ml Crème double
2 EL Frischkäse
1 EL Ahornsirup
Vanillemark aus ½ Vanilleschote

1. Für die Tarte den Ofen auf 200 °C Umluft vorheizen. In der Pfanne die Butter mit dem Ahornsirup schmelzen und etwa 2 Minuten köcheln lassen, bis es dickflüssig wird. Vanillemark unterrühren.

2. Äpfel waschen und in Scheiben schneiden. Das Kerngehäuse entfernen. Die Apfelscheiben nun in der Pfanne anordnen.

3. Den Blätterteig ausrollen und einen der Pfanne entsprechenden Kreis ausschneiden. Diesen nun auf die Äpfel geben und die Ecken unter die Äpfel schieben. Zum Schluss den Teig oben mit 3 Schnitten einschneiden.

4. Die Tarte 30 Minuten goldbraun backen. Währenddessen den Ahornsirup in einem Topf erwärmen und die gehackten Walnusskerne dazugeben. Kurz darin schwenken und auf einem Abtropfgitter abtropfen lassen. Die Walnusskerne für etwa 2 Minuten zur Tarte in den Ofen schieben. Abkühlen lassen.

5. Für die Creme die Crème double kurz anrühren. Frischkäse, Ahornsirup und Vanillemark hinzugeben und cremig aufschlagen. Kühlen bis zum Servieren.

6. Die Tarte aus dem Ofen nehmen und kurz abkühlen lassen. Nach einigen Minuten einen Teller auf die Pfanne legen und gemeinsam mit der Pfanne drehen, sodass die Tarte herausfallen kann. Mit den kandierten Walnusskernen und der Creme warm servieren.

Tipp

Pistazien schmecken zu dieser Kombination auch sehr gut!

TARTE MIT weißer Schokolade und Cranberrys

Frische Cranberrys, weiße Schokolade, Pistazien und Tonkabohne verleihen dieser Tarte eine besondere Note. Diese herrliche Kombination aus süß und sauer wird jeden begeistern!

Zutaten

(1 Tarte-Form mit Ø 28 cm)

Für die Soße

150 g frische Cranberrys

120 g Zucker

Für den Teig

120 g Mehl

50 g Zucker

110 g kalte Butter

1 Ei

Für die Ganache

300 g weiße Schokolade

300 ml Sahne

Außerdem

Blindbackbohnen

1 Handvoll frische Cranberrys

Gehackte Pistazien

1 Tonkabohne

1. Für die Soße die Cranberrys mit Zucker und 120 ml Wasser in einen Topf geben und zum Kochen bringen. Etwa 10 Minuten lang köcheln lassen, zwischenzeitlich umrühren. Vom Herd nehmen, die Soße durch ein Sieb streichen und die Schalen wegwerfen. Soße bis zur Verwendung kühl stellen.

2. Für den Teig das Mehl mit dem Zucker und der klein geschnittenen Butter verrühren, sodass eine krümelige Konsistenz entsteht. Ei hinzugeben und zu einem festen Teig verkneten. Diesen in Frischhaltefolie wickeln und mindestens 30 Minuten kühlen.

3. Für die Ganache die Schokolade hacken. Sahne in einem Topf kurz zum Kochen bringen und direkt über die gehackte Schokolade gießen. 2 Minuten stehen lassen und danach verrühren, bis die Schokolade geschmolzen ist. Abkühlen lassen, es entsteht eine leicht zähe Konsistenz.

4. Den Ofen auf 180 °C Umluft vorheizen. Teig auf einer bemehlten Arbeitsfläche ausrollen und in die Tarteform legen. Mit einer Gabel Luftlöcher in den Boden stechen. Boden mit zugeschnittenem Backpapier auslegen und Blindbackbohnen daraufgeben. Für etwa 18 Minuten goldbraun backen. Abkühlen lassen, Blindbackbohnen entfernen.

5. Die Cranberry-Soße auf den Teig streichen. Die Ganache darauf verteilen. Zum Schluss mit Cranberrys und gehackten Pistazien dekorieren. Etwas Tonkabohne über die Tarte raspeln. Bis zum Servieren kühlen.

GLÜHWEIN-
Cheesecake

Käsekuchen- und Weihnachtsfans werden diesen Kuchen lieben – er vereint feinen Lebkuchen-Boden mit saftigem Käsekuchen und Glühwein-Tortenguss! Für das gewisse Extra kann man den Kuchen mit gezuckerten Rosmarinzweigen und Cranberrys dekorieren!

Zutaten

(1 Springform mit Ø 28 cm)

Für den Boden

120 g Butterkekse
2 EL Zucker
2 TL Lebkuchengewürz
60 g Butter

Für die Füllung

1 kg Frischkäse
120 g Butter
220 g saure Sahne
350 g Zucker
5 Eier
2 Eigelb

Für den Guss

1 Packung gezuckerter, roter Tortenguss
250 ml Glühwein

Außerdem

Rosmarinzweige oder/und Cranberrys, gezuckert (siehe Seite 28)

1. Ofen auf 180 °C Umluft vorheizen und die Springform einfetten. Für den Boden die Kekse ganz fein mahlen und anschließend Zucker und Lebkuchengewürz unterrühren. Die Butter schmelzen und mit den Keksen vermengen. Krümel in die Springform geben und gleichmäßig ebnen. Nun etwa 15 Minuten lang backen. Abkühlen lassen.

2. Um die Springform in Aluminiumfolie zu wickeln, 2 lange Streifen Aluminiumfolie als Kreuz übereinanderlegen. In die Mitte der Springform legen, die Folie gut bis hoch an den Rand andrücken und somit die Springform einwickeln. Anschließend die Springform in eine große hohe Auflaufform stellen.

3. Für die Füllung müssen alle Zutaten Raumtemperatur haben. Den Frischkäse mit Butter, saurer Sahne und Zucker vermengen. Während des Rührvorgangs die Eier und Eigelbe einzeln langsam unterrühren. Wenn alles gut vermengt ist, die Füllung in die Springform gießen. In die große Auflaufform heißes Wasser geben, sodass es zur Hälfte der Springformhöhe heranreicht.

4. Den Kuchen nun 60 Minuten goldbraun backen, bis die Seiten etwas von der Form weichen und die Mitte noch etwas wackelig ist. Folie entfernen und abkühlen lassen. Über Nacht in den Kühlschrank stellen.

5. Den Kuchen aus dem Kühlschrank nehmen und vorsichtig die Ränder mit einem Messer lösen, um die Springform zu entfernen. Für den Guss den Tortenguss nach Packungsanleitung zubereiten – dabei das Wasser durch Glühwein ersetzen und anschließend über die Torte gießen. Nach Belieben mit gezuckerten Cranberrys oder kleinen Rosmarinzweigen dekorieren.

BRATAPFEL-
Torte

Dieses festliche Bratapfel-Törtchen mit gezuckerten Cranberrys vereint alle winterlichen Aromen und eignet sich ideal als Festtagstorte!

Zutaten

(3 Backformen mit Ø 15 cm)

Für den Teig

80 g weiche Butter
280 g Zucker
240 g Mehl
1 EL Backpulver
Salz
1 TL Zimt
2 Eier
240 ml Milch
2 Äpfel
50 g Walnusskerne, gehackt

Für die Zimtcreme

150 g weiche Butter
300 g Puderzucker
2 ½ EL Milch
1 TL Zimt

Außerdem

80 g Marzipan
150 g Cranberrys, gezuckert
(siehe Seite 28)

1. Drei 15-cm-Backformen einfetten und mit Backpapier auslegen. Den Ofen auf 180 °C Umluft vorheizen.

2. Butter mit Zucker, Mehl, Backpulver, einer Prise Salz und Zimt vermengen und so lange verrühren, bis die Konsistenz sandartig wird.

3. Eier mit der Milch vermengen und langsam zu der Teigmasse hinzugeben. Zu einer glatte Masse verrühren.

4. Äpfel schälen und in kleine Würfel schneiden. Die gehackten Walnusskerne langsam unterheben und den Teig in alle 3 Formen verteilen.

5. Den Kuchen nun für etwa 20 Minuten backen (mit einem Zahnstocher kontrollieren, ob der Teig fertig ist) und anschließend abkühlen lassen.

6. Für die Zimtcreme die Butter mit Puderzucker, Milch und Zimt zu einer lockeren Creme schlagen. Jeweils 40 g Marzipan dünn ausrollen.

7. Auf die erste Teigschicht die Zimtcreme auftragen, darauf das Marzipan geben und trimmen. So auch mit der zweiten Schicht fortfahren; mit der dritten Teigschicht abschließen.

8. Das komplette Törtchen nun mit Zimtcreme einhüllen. Anschließend mit den gezuckerten Cranberrys dekorieren.

Zutaten

150 g frische Cranberrys
110 g Zucker
zusätzlichen Zucker
zum Bestäuben

Gezuckerte Cranberrys

Frische und getrocknete Cranberrys eignen sich hervorragend als Bestandteil weihnachtlicher Rezepte. Die gezuckerte Variante kann man sehr gut als Dekoration für Torten und Gebäck, aber auch für Getränke verwenden.

1. Den Zucker mit 120 ml Wasser zum Kochen bringen, bis sich der Zucker aufgelöst hat.
2. Die Cranberrys im Zuckersirup baden und anschließend 1 Stunde auf einem Gitter abtropfen und trocknen lassen.
3. Nun die Cranberrys im restlichen Zucker rollen, sodass die komplette Beere mit Zucker bedeckt ist.
4. Anschließend erneut 1 Stunde trocknen lassen.

Tipp

Mit diesem Verfahren kann man nicht nur Cranberrys, sondern auch je nach Belieben weitere Zutaten verzieren, z. B. Rosmarinzweigchen.

SCHNEEWEISSE WINTERTORTE
mit Mandeln und Schokolade

Wer einen echten Hingucker auf der Weihnachtstafel sucht, wird hier fündig. Dieses Törtchen besteht aus feinen Mandelböden und ist mit einer feinen Kaffeenote veredelt. Das Beste bildet die Marshmallow-Schneedecke – ein Genuss für Gaumen und Auge!

Zutaten

(3 Backformen mit Ø 18 cm)

Für den Teig

8 Eier
200 g Zucker
200 g gemahlene Mandeln
60 g Schokolade
1 EL Paniermehl

Für die Füllung

4 Eier
200 g Zucker
60 g Schokolade
1 EL Kaffeepulver
200 g Butter

Für die Meringue-Masse

2 Eiweiß
180 g Zucker
30 ml Wasser

1. 3 Backformen à Ø 18 cm einfetten. Den Ofen auf 180 °C vorheizen. Schokolade schmelzen und abkühlen lassen.

2. Die Eier trennen und das Eiweiß steif schlagen. Währenddessen den Zucker einrieseln lassen. Während des Rührens das Eigelb und die Schokolade einrühren. Zum Schluss die Mandeln und das Paniermehl unterheben und den Teig auf die 3 Kuchenformen verteilen. Den Kuchen für etwa 18–20 Minuten backen. Kuchen zunächst in der Form und dann auf einem Gitter abkühlen lassen.

4. Für die Creme die Schokolade klein hacken. Die Eier mit dem Zucker in einem Wasserbad schlagen, die Masse sollte hellgelb und von zäher Konsistenz sein. Vonm Herd nehmen und die Schokolade und das Kaffeepulver einrühren, bis die Schokolade geschmolzen ist. Die Creme abkühlen lassen; zum Schluss weiche Butter hinzugeben und cremig aufschlagen. Bis zur Verwendung im Kühlschrank lagern.

5. Je nach Belieben kann man die Kuchenschichten ganz oder längs halbiert zur Schichtung verwenden. Zunächst einen Kuchenboden mit Creme einstreichen, dann einen weiteren darauflegen und so verfahren, bis die Creme und alle Kuchenböden verwendet wurden. Den Abschluss bildet ein Kuchenboden. Wenn die Creme zu flüssig ist, warten, bis sie eine zähe Konsistenz hat und danach die Torte gut kühlen.

6. Für die Meringue-Schnee-Masse das Eiweiß steif schlagen und parallel dazu den Zucker mit dem Wasser in einem Topf auf hoher Hitze unter ständigem Rühren auflösen. Wenn man ein Handrührgerät besitzt, zunächst den Zuckersirup herstellen und dann das Eiweiß steif schlagen. Anschließend während des Rührvorgangs den Zuckersirup langsam zum Eiweiß hinzugießen. Insgesamt etwa 8 Minuten rühren.

7. Nun die Meringue-Masse in einen Spritzbeutel mit mittlerer runder Tülle füllen und von oben nach unten Schneezapfen auf die Torte spritzen. Zum Schluss mit einem Bunsenbrenner die Oberfläche erhitzen, sodass sie goldbraun wird. Bis zum Servieren kühlen.

BÛCHE DE *Noël*

Dieser französische Klassiker ist ein wahrer Kuchengenuss und vereint auf wundervolle Weise eine leckere Maronen-Creme mit Schokolade! Dekoriert mit feinen Meringue-Pilzen eignet sich dieser Kuchen hervorragend als Festtags-Dessert.

Zutaten

Für den Biskuitteig

120 g Mehl
Natron
90 g Butter
6 Eier
150 g Zucker

Für die Schokoladen-Ganache

250 g Zartbitterschokolade
360 ml Sahne

Für die Maronen-Schoko-Füllung

200 g Maronen-Püree
150 g Butter
80 g Zartbitterschokolade

Für die Meringue-Pilze

220 g Zucker
4 Eiweiß
50 g Zartbitterschokolade

Rezept für den Biskuitteig:

1. Mehl mit einer Prise Natron vermengen. Butter schmelzen, abkühlen lassen und anschließend beiseitestellen. Ein Backblech einfetten und mit Backpapier auslegen. Ofen auf 180 °C Umluft vorheizen.

2. Eier mit Zucker verquirlen und dann in einem Wasserbad so lange unter Rühren erhitzen, bis der Zucker aufgelöst ist.

3. Anschließend die Masse so lange verrühren, die Masse muss sich verdoppeln. Nun das Mehl langsam unterheben und zum Schluss die Butter vorsichtig unterrühren.

4. Den Teig auf das Backblech geben und glatt streichen. Etwa 15 Minuten goldbraun backen.

5. Ein Küchentuch leicht befeuchten und ein Backpapier darauflegen. Den Kuchen aus dem Ofen nehmen und vorsichtig auf das Backpapier stürzen. Das Backpapier nun vom Teig abziehen. Die Ränder abschneiden und vorsichtig von der langen Seite her mit dem Küchentuch einrollen. Kurz in den Kühlschrank zum Abkühlen legen.

Rezept für die Schokoladen-Ganache:

1. Schokolade klein hacken und in eine Schüssel geben.

2. Sahne zum Kochen bringen und über die Schokolade gießen. 2 Minuten stehen lassen.

3. Die Masse verrühren, bis die Schokolade aufgelöst ist. Über Nacht in den Kühlschrank stellen.

4. Wenn der Kuchen bereit zum Einstreichen ist, Ganache mithilfe eines Rührgeräts locker cremig schlagen.

Tipp

Man kann den Biskuitteig auch mit einem Rum-Sirup (100 g Zucker mit 50 ml Rum aufkochen) tränken, bevor man die Maronen-Creme aufträgt!

Rezept für die Maronen-Schoko-Füllung:

1. Maronen-Püree mit Butter locker aufschlagen.

2. Schokolade schmelzen, zu der Creme hinzugeben und gut vermengen.

Rezept für den Bûche de Noël:

1. Die Ganache am Vorabend zubereiten und kalt stellen.

2. Den Biskuitteig backen und während der eingerollte Teig im Kühlschrank abkühlt, die Maronen-Creme machen.

3. Den Biskuitteig entrollen und mit Maronen-Creme bestreichen. Kuchenteig wieder einrollen und erneut kühlen.

4. Ganache cremig aufschlagen. Die Enden der Biskuitrolle schräg abschneiden und als Äste neben dem Stamm auf dem Teller arrangieren. Die Rolle mit der Ganache bestreichen, sodass ein Rindenmuster entsteht. Bis zum Servieren kühlen.

5. Kurz vor dem Servieren mit Meringue-Pilzen, etwas gehackten Pistazien als Moos, gezuckerten Cranberrys und kleinen Rosmarinzweigen dekorieren.

Rezept für die Meringue-Pilze:

1. Backblech mit Backpapier auslegen und den Ofen auf 100 °C Umluft vorheizen.

2. Zucker mit 60 ml Wasser in einem Topf erhitzen, bis der Zucker komplett aufgelöst ist.

3. Eiweiß steif schlagen und während des Rührens den heißen Zuckersirup langsam hineingießen.

4. Die Meringue insgesamt 8 Minuten lang steif schlagen und anschließend die Masse in einen Spritzbeutel mit runder Tülle geben.

5. Zunächst die Pilzstiele, anschließend die Hüte auf das Backpapier spritzen und dann etwa 2 Stunden im Ofen trocknen.

6. Die Spitze der Stiele abschneiden. Die Schokolade schmelzen, die Unterseite der Hüte damit bestreichen und jeweils an einem Stiel anbringen.

PLÄTZCHEN

Bühne frei für die Weihnachtsplätzchen-Parade! Nicht nur Klassiker wie Zimtsterne, Lebkuchen und Spekulatius findet ihr in meiner Keksdose, sondern auch Cookies mit Cranberrys und Ingwer. Außerdem tummeln sich viele leckere Geschenkideen auf den kommenden Seiten!

ZIMTSTERNE
mit Glasur

Zimtsterne findet man in fast jeder weihnachtlichen Keksdose und so dürfen sie auch bei uns nicht fehlen – diese leckere Version ist mit feinem Kirschwasser veredelt und dank der gemahlenen Mandeln luftig und locker.

Zutaten

Für 90 Stück

250 g Puderzucker
3 Eiweiß
Salz
3 TL Zimt
350 g gemahlene Mandeln
1 TL Kirschwasser

Außerdem

Mehl zum Ausrollen
Nudelholz
Sternförmige Keksausstecher
Zahnstocher

1. Puderzucker in eine kleine Schüssel sieben und beiseitestellen.
2. In einer mittleren Rührschüssel Eiweiß mit einer Prise Salz dickflüssig schlagen. Währenddessen den Puderzucker einrieseln lassen.
3. Von der Eischnee-Masse nun 6 EL in eine kleine Schüssel geben und zum Glasieren aufheben.
4. Mandeln mit Zimt vermengen und mit dem Kirschwasser unter die größere Menge Eischnee-Masse heben.
5. Den entstandenen Teig in Frischhaltefolie einwickeln und etwa 1 Stunde oder über Nacht in den Kühlschrank stellen.
6. Ofen auf 125 °C Umluft vorheizen. Den Teig anschließend auf einer bemehlten Arbeitsfläche ausrollen und Sterne mit dem Keksausstecher ausstechen. Die Sterne nun auf das mit Backpapier ausgelegte Backblech legen.
7. Einen Tropfen Eischnee-Masse als Glasur mit einem kleinen Löffelchen auf jeweils einen Stern geben und anschließend mit einem Zahnstocher über den ganzen Stern verteilen.
8. Die Sterne im Ofen für etwa 11–12 Minuten backen. Darauf achten, dass die Eiweiß-Glasur nicht gelblich wird! Abkühlen lassen und servieren.

Tipp

Um Eiweiß steif zu bekommen, am besten die Schüssel vorher mit ein wenig Zitronensaft oder Essig entfetten!

SPEKULATIUS
mit feinen Gewürzen

Spekulatius gehören einfach zur Weihnachtszeit dazu! Am besten schmecken sie natürlich selbst gemacht und dazu sind sie noch ein echter Hingucker auf dem Plätzchenteller!

Zutaten

Für 50 Stück

250 g Mehl
2 TL Zimt
1 TL Ingwer
½ TL Kardamom
Gemahlene Nelken
Gemahlener Muskat
Weißer Pfeffer
Gemahlener Anis
Salz
120 g brauner Zucker
1 Ei
110 g Butter

Außerdem

Speisestärke für die Förmchen
Spekulatius-Formen aus Holz
Pinsel
Scharfes Messer

1. Mehl mit Zimt, Ingwer, Kardamom und je einer Prise Nelken, Muskat, Pfeffer, Anis, Salz und Natron in einer kleinen Rührschüssel vermengen. Beiseitestellen. Butter in Würfel schneiden.

2. In einer mittleren Rührschüssel Zucker und Ei mit einem Rührgerät etwa 2 Minuten lang hell cremig schlagen.

3. Unter langsamem Rühren das Mehl mit der Butter dazugeben und zu einem Teig verkneten. Weiterrühren, bis der Teig homogen wird.

4. Den Teig nun in Frischhaltefolie wickeln und mindestens 1 Stunde oder über Nacht in den Kühlschrank legen.

5. Die Hälfte des Teigs herausnehmen, einen kleinen Teil wegnehmen und anschließend mit den Fingern eine Weile weich kneten.

6. Die Holzförmchen mit ein wenig Speisestärke bestäuben. Den Teig nun in die Form drücken und den restlichen Teig mit einem scharfen Messer von der Spekulatius-Form wegschneiden. Nun den Teig vorsichtig aus dem Förmchen lösen. Es hilft, wenn man das Förmchen von allen Seiten ein wenig auf die Arbeitsfläche klopft. Die vorgeformten Kekse auf ein mit Backpapier ausgelegtes Backblech legen. Wenn alle Kekse fertig sind, erneut für einige Stunden oder über Nacht im Kühlschrank kühlen, damit die Form beim Backen hält.

7. Den Ofen auf 170 °C Umluft vorheizen. Die Spekulatius anschließend für etwa 10–12 Minuten goldbraun backen. Abkühlen lassen.

Tipp

Wer keine Spekulatius-Förmchen hat, kann einfach den Teig nach Belieben ausstechen.

WEIHNACHTLICHE Buntglaskekse

Diese Kekse eignen sich nicht nur zum Vernaschen, sondern man kann mit ihnen auch den Weihnachtsbaum schmücken. Mit ihrer farbigen Schicht in der Mitte erinnern sie an Buntglas und verschönern so die Keksdose oder den Baum!

Zutaten

Für 55 Stück

1 Handvoll harte Fruchtbonbons ohne Füllung

100 g Zucker

150 g Butter

1 Ei

1 TL Vanilleextrakt oder 1 Packung Vanillezucker

200 g Mehl

1 TL Backpulver

Salz

Außerdem

1 kleine und 1 große sternförmige Ausstechform

1. Bonbons auspacken und jeweils eine Farbe in einen Frischhaltebeutel geben. Diesen verschließen und mit einem Nudelholz die Bonbons zerkleinern. Beiseitelegen. Dieser Vorgang kann mit verschiedenen Farben wiederholt werden.

2. Butter mit Zucker cremig schlagen. Das Ei und die Vanille hinzugeben. Anschließend Mehl, Backpulver und einer Prise Salz hinzugeben und zu einem Teig verkneten. Diesen in Frischhaltefolie wickeln und mindestens 30 Minuten im Kühlschrank kühlen.

3. Den Ofen auf 180 °C Umluft vorheizen und Backblech mit Backpapier auslegen.

4. Teig auf einer bemehlten Arbeitsfläche ungefähr 0,5 cm dick ausrollen und jeweils zuerst die großen Sterne ausstechen und auf das Backblech legen. Anschließend kleine Sterne in der Mitte der großen Sterne ausstechen. Den Teig aus der Mitte entfernen und reichlich mit zerkleinerten Bonbonstückchen füllen.

5. Die Sterne nun etwa 12 Minuten oder bis sie goldbraun sind, backen. Aus dem Ofen nehmen. Falls man sie aufhängen möchte, mit einem Schaschlikspieß jeweils direkt ein Loch ausstechen, sodass man später den Faden zum Aufhängen durchziehen kann. Abkühlen lassen und erst dann vom Backblech entfernen.

CRANBERRY-ORANGE-Kekse

Die Cranberrys und die Orangenschale verleihen diesem leckeren, traditionellen Rezept einen winterlichen Twist!

Zutaten

Für 40 Stück

60 g getrocknete Cranberrys

40 g Zucker

300 g Mehl

80 g Zucker

220 g Butter

1 TL Mandelextrakt

Schale 1 unbehandelten Orange

Außerdem

3 EL Zucker

1. Cranberrys und 40 g Zucker in einen Mixer geben und klein hacken.
2. Mehl mit dem restlichen Zucker in einer Rührschüssel vermengen. Kalte Butter in Stückchen dazugeben und vermengen. Cranberry-Zucker-Mischung, Orangenschale und Mandelextrakt einrühren.
3. Anschließend den Teig mit den Händen kurz verkneten und zu einer langen Wurst rollen. Diese in Backpapier einwickeln und für mindestens 2 Stunden oder über Nacht in den Kühlschrank legen.
4. Ofen auf 160 °C Umluft vorheizen und Backblech mit Backpapier auslegen. 3 EL Zucker in einen Suppenteller geben.
5. Den Teig in etwa 5 mm dicke Scheiben schneiden. Diese anschließend in Zucker wälzen und mit genügend Abstand auf dem Backblech anordnen.
6. Die Kekse für etwa 8–10 Minuten backen, bis sie leicht goldbraun sind und anschließend abkühlen lassen.

INGWERKEKSE
mit weißer Schokolade

Es müssen nicht immer nur Plätzchen zur Weihnachtszeit sein. Diese mit Ingwer und weißer Schokolade verfeinerten Kekse werden das Herz jedes Cookie-Liebhabers höher schlagen lassen – versprochen!

Zutaten

Für 30 Stück

270 g Mehl
1 TL Natron
Salz
2 TL Ingwer
¼ TL Nelken
¼ TL Muskatnuss
160 g Butter
100 g Zucker
100 g brauner Zucker
1 Ei
90 g Melasse
1 TL Vanilleextrakt

Außerdem

5 EL weißer Zucker
200 g weiße Schokolade
2 TL Kokosfett

1. Mehl mit Natron, einer Prise Salz, Ingwer, Nelken und Muskatnuss vermengen und beiseitestellen.

2. Weiche Butter (Zimmertemperatur) und beide Zuckersorten mithilfe eines Rührgeräts etwa 3–4 Minuten lang cremig aufschlagen. Das Ei hineinschlagen und weiterrühren. Anschließend Melasse und Vanille hinzugeben.

3. Mehl-Mischung langsam während des Rührvorgangs hinzugeben und nun alles zu einem gleichmäßigen Teig vermengen. Den Teig in Frischhaltefolie einwickeln und mindestens 1 Stunde im Kühlschrank oder 30 Minuten im Gefrierfach kühlen.

4. Den Ofen auf 160 °C Umluft vorheizen. Vom Teig mit einem Esslöffel jeweils eine kleine Portion abtrennen und daraus eine Kugel formen. Diese in dem zusätzlichen Zucker wälzen, anschließend auf ein mit Backpapier ausgelegtes Blech mit genügend Abstand zu den anderen Kugeln legen und leicht andrücken.

5. Die Kekse etwa 8–10 Minuten goldbraun backen. In der Zeit die Schokolade hacken und das Kokosfett hinzugeben. Kekse abkühlen lassen und die Schokolade schmelzen. Zum Schluss die Kekse zur Hälfte in Schokolade tunken und trocknen lassen.

Tipp

Achtet auf genügend Abstand zwischen den Keksen! Ich habe pro Blech nur 11 Kekse gebacken, da diese recht groß werden.

NUSS-SCHOKO-
Salami

Bei der Schoko-Salami kommen vor allem Schokoholics auf ihre Kosten! Eine ganze Rolle voll Schokolade, verfeinert mit Keksen und Nüssen! Eignet sich hervorragend als Dessert oder als Teil der Plätzchendose.

Zutaten

Für zwei 10 cm lange Salamis

280 g Schokolade
120 g Butter
2 EL Kakao
2 Eier
60 ml Sahne
40 g Pistazien
80 g Mandeln
50 g Butterkekse

Außerdem

Küchengarn
Puderzucker zum Bestäuben

1. Die Schokolade mit der Butter in einem Topf auf mittlerer Hitze unter ständigem Rühren schmelzen. Kakao gut unterrühren, sodass eine glatte Masse entsteht.

2. Eier mit Sahne leicht verquirlen und unter die Schokoladenmasse rühren. Etwas abkühlen lassen.

3. Pistazien und Mandeln klein hacken. Kekse mit den Händen in kleine Stückchen brechen. Dann alles unter die Schokoladenmasse heben.

4. 30–60 Minuten im Kühlschrank kühlen, es entsteht eine festere Konsistenz. Nun die Hälfte der Masse auf ein Stück Frischhaltefolie geben und mit einem Löffel zu einem runden Block formen. Die Enden der Folie zudrehen und zum Beispiel mit Clips verschließen. Das Gleiche auch mit der zweiten Häfte der Masse machen. Die Salamis anschließend etwas rollen, bis sie eine ebenere Form erhalten.

5. Die Salamis für mindestens 6 Stunden oder über Nacht im Kühlschrank kühlen. Kurz vor dem Servieren die Folie entfernen und die Salamis in Puderzucker rollen. Man kann sie zum Verschenken zusätzlich mit Küchengarn und Kraftpapier verzieren.

chocolate
salami

GEFÜLLTE Lebkuchen

Gefüllt mit leckerem Marzipan ist diese Spezialität ein fester Bestandteil der Adventszeit in den Niederlanden und lässt die Herzen von Marzipanliebhabern höher schlagen!

Zutaten

Für 16 Stück

Für das Marzipan

250 g gemahlene weiße Mandeln
250 g Zucker
1 Ei
Zitronenschale

Für den Teig

500 g Mehl
2 TL Backpulver
300 g brauner Zucker
Salz
2 TL Zimt
¼ TL Nelken
¼ TL Ingwer
¼ TL weißer Pfeffer
¼ TL Muskat
350 g Butter

Außerdem

1 Ei
2 EL Milch
16 ganze Mandeln zur Dekoration

1. Für das Marzipan die Mandeln mit Zucker, Ei und etwas Zitronenschale in einer Küchenmaschine vermengen und mahlen bis eine Paste entsteht. Mit Frischhaltefolie abdecken und in den Kühlschrank stellen.

2. Mehl mit Backpulver, Zucker, Gewürzen und Butter vermengen und zu einem Teig kneten. Den Teig ebenfalls in Frischhaltefolie wickeln und mindestens 1 Stunde im Kühlschrank oder 30 Minuten im Gefrierfach kühlen.

3. Den Ofen auf 180 °C Umluft vorheizen und den Teig ungefähr 5 mm dick auf einer bemehlten Arbeitsfläche ausrollen. Anschließend 32 Rechtecke (5x10 cm) mit einem scharfen Messer ausschneiden.

4. 16 Rechtecke auf ein mit Backpapier ausgelegtes Backblech legen und auf jedes Rechteck einen Teelöffel der Marzipan-Masse geben. Anschließend mit einem zweiten Rechteck bedecken und ein Sandwich bilden. Die Ränder mit einer Gabel andrücken.

5. Ein Ei verquirlen und Milch hinzugeben. Die Teigtaschen damit bestreichen und mit den Mandeln dekorieren. 9–12 Minuten backen. Abkühlen lassen.

Tipp

Man kann den Teig auch teilen und nach dem Ausrollen (7 mm dick) ganz in eine Backform (25x30 cm) geben. Anschließend mit Marzipan bestreichen und mit der zweiten ausgerollten Teighälfte bedecken. Ebenfalls mit Ei bestreichen, mit Mandeln dekorieren, etwa 35–40 Minuten backen und als Blechkuchen servieren.

BUTTERKEKS-STANGEN
mit Streuseln

Diese einfachen Butterplätzchen nehmen eine neue Form an. Als leckere Keksstangen eignen sie sich mit einem heißen Glas Kakao prima zum Naschen auf der Couch!

Zutaten

Für 30 Stück

110 g Butter
55 g Zucker
120 g Mehl
1 Messerspitze Backpulver
1 EL Milch
1 TL Vanilleextrakt

Außerdem

Nudelholz
Pizzaschneider
100 g Zartbitterschokolade
Verschiedene Streusel, Kokosflocken und Dekoration nach Belieben

1. Zimmerwarme Butter und Zucker mit einem Rührgerät cremig schlagen.

2. Mehl mit Backpulver vermengen und nach und nach zu der Buttermasse hinzugeben.

3. Milch und Vanilleextrakt hinzugeben und zu einem gleichmäßigen Teig verrühren.

4. Den Teig nun in Frischhaltefolie wickeln und für mindestens 1 Stunde im Kühlschrank oder 30 Minuten im Gefrierfach kühlen.

5. Ofen auf 160 °C Umluft vorheizen. Anschließend den Teig auf einer bemehlten Arbeitsfläche ungefähr 5 mm dick ausrollen. Mit einem Pizzaschneider etwa 1 cm dicke lange Streifen schneiden.

6. Aus den Streifen ungefähr 10 cm lange Stangen schneiden, auf ein mit Backpapier ausgelegtes Backblech legen und für etwa 8–10 Minuten backen, bis die Stäbchen goldbraun sind. Abkühlen lassen.

7. Schokolade vorsichtig schmelzen lassen. Die Stangen mit einer Seite in die Schokolade tunken und dann nach Belieben mit Streuseln dekorieren.

KLEINIGKEITEN

Alle, die gerne außerhalb der Keksbox denken, werden in diesem Kapitel fündig! Neben leckerer Schokolade zum Verschenken, findet man hier auch feine Kleinigkeiten wie Kokosnuss-Schneebälle oder Madeleines mit Eierlikör! Diese Kleinigkeiten sind das ideale Mitbringsel in der Adventszeit.

KOKOSNUSS-Schneebälle

Diese kleinen, aber feinen Kokosnuss-Pralinen veredeln jede winterliche Kaffeetafel. Außerdem sind sie nicht nur eine Freude für den Gaumen, sondern erinnern optisch auch an kleine Schneebälle. Der perfekte kleine Genuss für zwischendurch.

Zutaten

Für 33 Stück

150 g Zucker
50 g Speisestärke
250 ml Milch
125 g Butter oder Kokosfett
100 g Kokosflocken
1 Päckchen Vanillezucker
33 blanchierte Mandeln

Außerdem

100 g Kokosflocken
Pralinen-Papierförmchen

1. Zucker mit Speisestärke in einer kleinen Schüssel vermengen. Beiseitestellen.

2. In einem Topf die Milch auf hoher Hitze erwärmen und sobald die Milch köchelt, die Zucker-Speisestärke-Masse unter ständigem Rühren unterrühren, sodass eine dickflüssige Konsistenz entsteht. Vom Herd nehmen.

3. Butter in die Milch-Masse einrühren, bis diese komplett geschmolzen und vermengt ist. Anschließend Kokosflocken und Vanillezucker einrühren. Die Masse nun 2 Stunden in den Kühlschrank stellen.

4. Aus der gekühlten Masse kleine Portionen mit einem Teelöffel entnehmen und Kugeln formen. In die Mitte jeweils eine Mandel geben. Zum Schluss die Kugel in Kokosflocken wälzen. In kleine Pralinen-Papierförmchen geben und bis zum Servieren erneut kühlen.

HEISSE-SCHOKOLADE-
Löffel

Diese feinen Löffel sind herrlich wandelbar und eine tolle Geschenkidee in der Adventszeit! Einfach in heiße Milch tunken, rühren, bis sich die Schokolade aufgelöst hat und genießen!

Zutaten

Für 12 Stück

50 g Zartbitterschokolade

50 g Weiße Schokolade

Zur Dekoration

Streusel

Gehackte Pistazien

Mini-Mashmallows

Gehackte Zuckerstangen

Kokosflocken

Geschroteter Zimt

Außerdem

12 Holzlöffel

1. Die Schokolade in einem Wasserbad schmelzen und jeweils 1 Teelöffel Schokolade in die Holzlöffel geben.
2. Nach Belieben dekorieren und kurz in den Kühlschrank stellen, bis die Schokolade fest wird.

Tipp

Die feinen Schokolöffel sind die idealen Mitbringsel in der Weihnachtszeit, da sie lange haltbar sind und nicht nur mit ihrem Aussehen beeindrucken!

DUNKLE SCHOKOLADE MIT STREUSELN
WEISSE SCHOKOLADE PISTAZIE
DUNKLE SCHOKOLADE MIT MARSHMALLOWS
WEISSE SCHOKOLADE MIT ZUCKERSTANGEN
WEISSE SCHOKOLADE MIT ZIMT
DUNKLE SCHOKOLADE MIT KOKOSFLOCKEN

WEIHNACHTS-
Whoopie-Pies

Diese einfachen schokoladigen Sandwich-Cookies sind mit einer feinen Minzcreme gefüllt und von leckeren Pfefferminz-Zuckerstangen umhüllt! Ein Traum für alle Schoko-Minz-Liebhaber!

Zutaten

Für 20 Stück

Für den Teig

220 g Mehl
90 g Kakao
½ EL Natron
½ TL Backpulver
110 g Butter
220 g Zucker
1 Ei
120 g saure Sahne
120 ml Milch

Für die Creme

180 g Zucker
2 Eiweiß
180 g weiche Butter
1 TL Minzextrakt

Außerdem

4–5 Pfefferminz-Zuckerstangen

1. Den Ofen auf 180 °C Umluft vorheizen. Backblech mit Backpapier auslegen.
2. Das Mehl mit dem Kakao, dem Natron und dem Backpulver vermengen.
3. Butter mit Zucker cremig schlagen, bis die Masse hell wird. Das Ei unterrühren.
4. Saure Sahne mit Milch verrühren und während des Rührvorgangs abwechselnd mit dem Mehl zum Teig geben und gut vermengen.
5. Teig in einen Spritzbeutel mit runder Tülle füllen und auf das Backpapier gleich große Kreise spritzen (pro Blech etwa 20 Stück).
6. Die Whoopie Pies für 12 Minuten backen. Abkühlen lassen.
7. Für die Creme den Zucker mit 30 ml Wasser in einem Topf erhitzen, bis der Zucker geschmolzen ist.
8. Mit einem Rührgerät das Eiweiß steif schlagen und während des Rührvorgangs den heißen Zuckersirup hineingießen. Weiterschlagen und die Butter hinzugeben. Minzextrakt dazugeben und die Creme locker schlagen. In einen Spritzbeutel mit runder Tülle füllen.
9. Jeweils auf 20 Kuchenkreisen die Creme auftragen und mit einem weiteren Kuchenkreis bedecken, sodass Sandwiches entstehen.
10. Für die Dekoration die Zuckerstangen klein hacken und die Creme zwischen den Kuchenhälften an den Rändern dekorieren.

EIERLIKÖR-
Madeleines

Dieser französische Klassiker ist sehr wandelbar und bringt mit seiner weihnachtlichen Eierlikörnote Abwechslung in jede Keksdose!

Zutaten

(1 Madeleine-Form)

Für 55 Stück

Für den Teig

2 Eier

70 g Zucker

Salz

3 EL Eierlikör

60 g Mehl

55 g weiche Butter

Für die Glasur

60 g Puderzucker

2 EL Eierlikör

1. Den Ofen auf 180 °C Umluft vorheizen. Die Madeleine-Form einfetten. Butter schmelzen und abkühlen lassen.
2. Eier mit Zucker und einer Prise Salz schaumig schlagen. Während des Rührvorgangs Eierlikör hinzugeben.
3. Mit einem Teigschaber das Mehl und danach die Butter sanft unterheben.
4. Je 1 Teelöffel Teig in die Madeleine-Form geben und 7–8 Minuten backen, die Ränder sollten goldbraun werden. Abkühlen lassen und aus der Form stürzen. Vorgang wiederholen, bis der Teig aufgebraucht ist.
5. Puderzucker mit Eierlikör zu einer zähen Masse verrühren und die abgekühlten Madeleines damit besprenkeln.

PEPPERMINT-
Chocolate-Bark

Diese leckere, mit Pfefferminz-Zuckerstangen verfeinerte Schokolade ist schnell gemacht und schmeckt fantastisch – zum selbst Vernaschen oder Verschenken!

Zutaten

(1 Auflaufform)

Für 200 g Schokolade

4 Pfefferminz-Zuckerstangen
200 g Zartbitterschokolade
½ TL Minzextrakt

1. Eine Auflaufform mit Backpapier auslegen. Pfefferminzstangen klein hacken.

2. Schokolade in einem Wasserbad schmelzen und Minzextrakt unterrühren. Damit die Schokolade keine Schlieren bekommt, nur ⅔ der Schokolade schmelzen und auf eine maximale Temperatur von 50 °C erhitzen. Vom Herd nehmen und das übrige Drittel unterrühren, bis es ebenfalls geschmolzen ist und die Schokolade auf 28 °C abgekühlt ist. Zum Schluss kurz auf 33 °C erhitzen und direkt weiterverarbeiten. Durch diesen Temperiervorgang lassen sich die Schlieren vermeiden.

3. Die geschmolzene Schokolade in die Auflaufform geben und verstreichen, sodass etwa die Hälfte der Form ausgefüllt ist.

4. Pfefferminzstangen über die Schokolade streuen und im Kühlschrank kühlen, bis die Schokolade fest wird.

5. Anschließend den Schokoladen-Block nach Belieben in verschieden große Stücke schneiden.

ROCKY-ROAD-Brownies

Diese Rocky-Road-Brownies sind die perfekte Kombination aus allerlei Soulfood: Schokolade, Walnüsse und Marshmallows!

Zutaten

(Backblech mit 30x30 cm)

Für 12 Stück

Für den Teig

120 g Butter
60 g Backkakao
180 g brauner Zucker
1 Ei
120 ml Milch
80 g Mehl

Außerdem

30 g Mini-Marshmallows
80 g Walnusskerne, gehackt
60 g Schokochips

1. Den Ofen auf 180 °C Umluft vorheizen. Das Backblech einfetten und mit Backpapier auslegen.

2. Die Butter in einem Topf schmelzen lassen und den Kakao unterrühren, bis er aufgelöst ist. Vom Herd nehmen und die Masse in eine Rührschüssel geben.

3. Zucker in die Kakaomischung geben und gut verrühren. 1 Ei leicht verquirlen und ebenso zu der Mischung hinzugeben. Zum Schluss Milch und Mehl langsam unterrühren. Den Teig in die Backform gießen und 22 Minuten lang backen.

4. Kuchen aus dem Ofen nehmen. Walnusskerne, Marshmallows und Schokochips darauf verteilen und erneut für weitere 3 Minuten backen.

5. Den Kuchen zunächst abkühlen lassen und danach 1 Stunde im Kühlschrank kühlen. Anschließend in 12 Stücke schneiden und servieren.

SCHOKO-Tannenzapfen

Diese leckeren Tannenzapfen kann man wunderbar zur Dekoration von Torten und Weihnachtstafel verwenden – oder auch einfach so genießen!

Zutaten

Für 7 Stück

Schoko-Cornflakes

120 g feine Erdnussbutter

60 g Nougatcreme

45 g Butter

140 g Puderzucker

7 dicke, kurze Salzstangen (alternativ 14 dünne)

Außerdem

Puderzucker

1. Schoko-Cornflakes aussortieren und nur einzelne, eher flache aufheben.
2. Erdnussbutter, Nougatcreme, Butter und Puderzucker in einer Rührschüssel mit einem Rührgerät zu einer Paste vermengen. Für mindestens 30 Minuten im Kühlschrank kühlen.
3. Anschließend mit 1 Esslöffel etwas von der Schokopaste abtrennen und 1 Kegel um je 1 Salzstange (oder zwei dünne) formen. Alle Kegel auf einen mit Backpapier ausgelegten Teller stellen und erneut 30 Minuten im Gefrierfach kühlen.
4. Jeweils einen Kegel aus dem Gefrierfach nehmen und von unten nach oben die Cornflakes befestigen. Oben mit eher gebogenen Cornflakes die Spitze formen. Den fertigen Tannenzapfen bis zum Servieren kühlen. Den Vorgang mit den restlichen Tannenzapfen wiederholen.
5. Kurz vor dem Servieren mit Puderzucker bestäuben.

BESONDERES

Cupcake-Liebhaber und Brunch-Fans kommen im nächsten Kapitel voll auf ihre Kosten! Leckere Chai Crêpes oder Cranberry Scones zum Adventsfrühstück – wer kann da schon Nein sagen? Für die Schleckermäuler warten auf den kommenden Seiten leckere Cupcakes mit Lebkuchen oder Eierpunsch-Geschmack und vieles mehr!

LEBKUCHEN-Waffeln

Diese feinen Waffeln verschönern dank ihres weihnachtlichen Lebkuchengeschmacks einfach jedes Frühstück in der Adventszeit! Probiert es aus – ihr werdet es nicht bereuen!

Zutaten

Für 12-14 Stück

240 g Mehl
55 g Zucker
1 TL Backpulver
1 TL Natron
Salz
1 ½ TL Zimt
1 TL Ingwer
1 Prise Nelken
1 Prise Muskat
90 g Butter
4 Eier
240 ml Milch
100 g saure Sahne
3 EL Melasse
etwas Öl zum Einfetten des Waffeleisens

Außerdem

Waffeleisen
Saure Sahne und Beerenmarmelade

1. Mehl mit Zucker, Backpulver, Natron, einer Prise Salz und den Gewürzen in einer Schüssel vermengen. Beiseitestellen.
2. Butter in einem Topf oder in der Mikrowelle schmelzen lassen.
3. Eier mit geschmolzener Butter, Milch, saurer Sahne und Melasse mithilfe eines Rührgeräts zu einer glatten Masse rühren. Anschließend die Mehlmischung langsam unter Rühren dazugeben und alles gut vermengen.
4. Ein Waffeleisen einfetten, ungefähr 2-3 EL Teig pro Waffel verwenden und die Waffeln backen.
5. Mit saurer Sahne und einer roten Beerenmarmelade servieren.

CHAI
Crêpe

Chai wird aus vielen winterlichen Gewürzen zubereitet und ist ein tolles Heißgetränk zur kalten Jahreszeit. Man kann das Chai-Pulver aber auch gut in Backwaren integrieren, wie z. B. in diesen leckeren Chai Crêpes. Ein perfekter Genuss für das Adventsfrühstück!

Zutaten

Für 15 Stück

330 g Mehl
40 g Chai-Pulver
85 g Zucker
1 ½ TL Backpulver
4 Eier
1 TL Vanilleextrakt
400 ml Milch
350 ml Mineralwasser mit Kohlensäure
3 EL Pflanzenöl

Außerdem

18 cm große Pfanne
Saure Sahne mit Zimt und Zucker

1. Das Mehl mit dem Chai-Pulver, Zucker und Backpulver vermengen und beiseitestellen.
2. Mithilfe eines Rührgeräts die Eier schaumig schlagen; währenddessen die Vanille, die Milch und das Mineralwasser unterrühren.
3. Während des Rührens die Mehlmischung langsam einrieseln lassen, sodass keine Klumpen entstehen. Zum Schluss das Öl hinzugeben.
4. Nun die Pfanne erhitzen und leicht einfetten. Teig in die Pfanne gießen und etwa 15 dünne Crêpes aus dem Teig backen.
5. Servieren Sie die Crêpes mit saurer Sahne, Zimt und Zucker.

CRANBERRY Scones

Diese Scones sind mit Orange und frischen Cranberrys verfeinert und eignen sich ideal für einen Adventsbrunch.

Zutaten

Für 12 Stück

Für den Teig

250 g Mehl

2 TL Backpulver

1 TL Natron

Schale von 1 Orange

120 g kalte Butter

120 ml Sahne

1 Ei

1 TL Vanilleextrakt

1 Schuss Orangenextrakt

100 g frische Cranberrys

Für die Glasur

150 g Puderzucker

1 EL Orangensaft

1. Den Ofen auf 180 °C Umluft vorheizen und ein Backblech oder eine 20 cm runde Backform mit Backpapier auslegen.

2. Mehl mit Backpulver, Natron und Orangenschale vermengen. Butter in kleine Stücke schneiden und in einer Rührmaschine so lange verrühren, bis die Masse krümelig wird.

3. Ei mit Sahne, Vanilleextrakt und Orangenextrakt kurz verquirlen. Während des Rührens zum Mehl geben und zu einem Teig kneten. Frische Cranberrys zum Schluss per Hand unterrühren.

4. Teig auf eine bemehlte Arbeitsfläche geben und mit den Händen zu einem ungefähr 2–3 cm hohen Kreis formen. Diesen nun auf das Backblech oder in die Backform geben. Den Kreis achteln und anschließend 23 Minuten goldbraun backen. Abkühlen lassen.

5. Für die Glasur den Puderzucker mit dem Orangensaft vermengen und zu einer dickflüssigen Glasur verrühren. Je nach Bedarf mehr Puderzucker hinzugeben. Die Scones mit der Glasur beträufeln und am besten noch warm servieren.

RIESIGE Zimtschnecke

Es gibt nichts Besseres als köstliche Zimtschnecken, um seine Liebsten im Winter am Tisch zu versammeln! Die Zimtschnecke ist ein wahrer Genuss, passt zu jeder Tageszeit und lässt das Haus herrlich nach Zimt und Weihnachten duften.

Zutaten

(1 Kuchenform mit Ø 28 cm)

Für den Teig

1 EL Zucker
125 ml warme Milch
½ Würfel frische Hefe
250 g Mehl
55 g zerlassene Butter
1 Eigelb
Salz

Für die Füllung

55 g zerlassene Butter
3 EL braunen Zucker
3 TL Zimt
Hagelzucker nach Belieben

Außerdem

Nudelholz

1. Zucker in die warme Milch einrühren. Hefewürfel in die Milch hineinbröckeln und verrühren. Kurz an einem warmen Ort gehen lassen.

2. Mehl in eine große Rührschüssel geben und die Hefemilch, das Eigelb und einer Prise Salz hinzugeben. Mit einem Knethaken anfangen zu kneten.

3. Butter während des Knetvorgangs hinzugeben und den Teig etwa 8 Minuten lang verkneten. Anschließend zugedeckt an einem warmen Ort (zum Beispiel im Ofen bei 50 °C Umluft) mindestens 40 Minuten lang aufgehen lassen.

4. Ofen auf 180 °C Umluft vorheizen. Den Teig nun auf eine bemehlte Arbeitsfläche geben und mit einem Nudelholz zu einem großen Rechteck ausrollen.

5. Butter mit Zucker und Zimt vermengen und damit den Teig bestreichen. An der längeren Seite zu einer Schnecke zusammenrollen.

6. Anschließend die Schnecke längs mit einem scharfen Messer halbieren und die Schnittseite nach außen drehen. Nun den Zopf um sich selbst wickeln, sodass die Schnittenden nach außen zeigen. Diesen gewickelten Zopf dann als große Schnecke in die Form legen. Nach Belieben mit weiterer Butter bestreichen und/oder mit Hagelzucker bestreuen.

7. Die Schnecke etwa 25–30 Minuten goldbraun backen und am besten noch warm servieren.

LEBKUCHEN-
Latte-Cupcakes

Die Weihnachtszeit verzaubert alle Bereiche des Alltags! So tauchen auch in Cafés die leckersten Kreationen auf, zum Beispiel Latte macchiatos verfeinert mit Lebkuchengeschmack. Das war meine Inspiration um dieses Getränk in ein Küchlein zu verwandeln.

Zutaten

Für 16 Stück

Für den Teig

140 g weiche Butter
200 g Zucker
120 g Melasse
2 Eier
2 Eigelb
310 g Mehl
1 EL Kakao
1 TL Zimt
1 TL Ingwerpulver
Muskat
1 TL Backpulver
½ TL Natron
120 ml Milch
120 ml starker, heißer Kaffee

Für das Frosting

400 g Puderzucker
45 g weichen Butter
150 g kühler Frischkäse

Außerdem

Papierförmchen
Spritzbeutel
Sterntülle
Lebkuchenmänner-Streusel (optional)

1. Den Ofen auf 180 °C Umluft vorheizen. Ein Muffinblech mit Papierförmchen auslegen.

2. Butter mit Zucker cremig schlagen. Anschließend Melasse hinzugeben und weiterrühren. Eier einzeln zum Teig hinzugeben und gut verrühren.

3. Mehl mit Kakao, Zimt, Ingwer, einer Prise Muskat, Backpulver und Natron vermengen. Milch mit Kaffee vermengen. Anschließend abwechselnd zum Teig hinzugeben und zu einem gleichmäßigen Teig verrühren.

4. Die Papierförmchen zu ¾ mit Teig füllen und etwa 18–20 Minuten backen. Abkühlen lassen.

5. Für das Frosting die weiche Butter gut mit dem Frischkäse verrühren. Den Puderzucker nun einrieseln lassen und so lange hinzufügen, bis die Creme spritzfest wird. Zum Schluss auf hoher Rührstufe die Creme locker aufschlagen.

6. Creme in einen Spritzbeutel mit Sterntülle füllen und die Creme auf die Cupcakes auftragen. Nach Belieben mit Streuseln dekorieren.

EIERPUNSCH-
Cupcakes

Eierpunsch ist in vielen Ländern das traditionelle Weihnachtsgetränk. Diese Cupcakes enthalten an sich zwar keinen Eierpunsch, passen aber dank der winterlichen Zutaten zur Weihnachtszeit und sind eine tolle Abwechslung zu Plätzchen & Co.

Zutaten

Für 14-16 Stück

Für den Teig

80 g weiche Butter
280 g Zucker
240 g Mehl
1 EL Backpulver
Salz
2 Eier
240 ml Milch

Für das Frosting

160 g weiche Butter
500 g Puderzucker
½ TL Rum-Aroma
Muskat
50 ml Milch

Außerdem

Papierförmchen
Spritzbeutel
Größere Sterntülle
Streusel oder Schneemänner aus Zuckerguss

1. Den Ofen auf 180 °C Umluft vorheizen. Ein Muffinblech mit 12 Papierförmchen auslegen.
2. Butter mit Zucker, Mehl, Backpulver und einer Prise Salz zu einer sandigen Masse verrühren.
3. Eier mit Milch verquirlen, während des Rührvorgangs zu der Mehlmischung geben und zu einem gleichmäßigen Teig verrühren.
4. Anschließend die Förmchen zu ¾ voll mit Teig füllen und etwa 18–20 Minuten goldbraun backen. Abkühlen lassen.
5. Für das Frosting Butter mit Puderzucker, Rum-Aroma und eine Prise Muskat verrühren. Milch langsam unter ständigem Rühren hinzugeben und zum Schluss auf einer höheren Rührstufe die Creme locker aufschlagen.
6. Die Creme nun in einen Spritzbeutel mit größerer Sterntülle füllen und damit die Cupcakes dekorieren. Zum Schluss einige Streusel und/oder Schneemänner auf der Creme drapieren.

HEISSE-
Schokolade-Cupcakes

Im Winter gibt es nichts Besseres, als sich mit einem heißen Kakao unter die Decke zu kuscheln. Warum es sich nicht mit einem Heiße-Schokolade-Cupcake gemütlich machen?

Zutaten

Für 12 Stück

Für den Teig

240 g Mehl
80 g Kakao
1 TL Natron
1 TL Backpulver
300 g Zucker
170 g Butter
3 Eier
360 ml Milch

Für das Frosting

300 ml Sahne
60 g Puderzucker

Außerdem

Papierförmchen
Spritzbeutel mit großer Sterntülle
Zuckerstangen, gehackt

1. Backofen auf 180 °C Umluft vorheizen und Backblech mit Cupcake-Förmchen auslegen.
2. Mehl, Kakao, Natron und Backpulver vermengen und beiseitestellen.
3. Butter mit Zucker cremig schlagen. Eier einzeln hinzugeben.
4. Mehlmischung abwechselnd mit Milch zum Teig unter Rühren hinzugeben. Alles gut vermengen.
5. Die Cupcake-Förmchen zu ¾ voll mit Teig füllen und etwa 18 Minuten lang backen. Abkühlen lassen.
6. Für das Frosting Sahne mit Puderzucker steif schlagen. In einen Spritzbeutel mit Sterntülle füllen und dekorativ auf die Cupcakes auftragen.
7. Mit gehackten Zuckerstangen nach Belieben verzieren. Kühl stellen bis zum Servieren.

Tipp

Wer heiße Schokolade mit Pfefferminz mag, gibt einfach 1 TL Minzextrakt in den Teig!

WEIHNACHTSKRANZ-Cupcakes

Weihnachtskränze aus Stechpalme findet man an vielen Türen, warum nicht auch Cupcakes mit kleinen Weihnachtskränzen verzieren? So ist jeder Cupcake ein kleines Kunstwerk für sich und schmückt die Weihnachtstafel eindrucksvoll!

Zutaten

Für 12 Stück

Für den Teig

5 EL Backkakao
135 g Mehl
½ TL Natron
½ TL Backpulver
Salz
120 g weiche Butter
190 g Zucker
2 Eier
1 TL Vanilleextrakt oder 1 Päckchen Vanillin-Zucker
85 g saure Sahne

Für das Topping

3 Eiweiß
75 g Zucker
1 Prise Salz
300 g weiche Butter
1 TL Vanilleextrakt
Grüne Lebensmittelfarbe

Außerdem

Papierförmchen
Zuckerthermometer
Spritzbeutel
Blatttülle
Rote Liebesperlen

1. Ofen auf 180 °C Umluft vorheizen. Ein Muffinblech mit Papierförmchen auslegen.

2. Backkakao mit heißem Wasser vermengen, bis eine zähe Kakaomasse entsteht.

3. Mehl, Natron, Backpulver und eine Prise Salz vermischen. Stellen Sie es beiseite.

4. Butter mit Zucker cremig schlagen und Eier einzeln hinzugeben. Zum Schluss die Vanille und die Kakaomasse unterrühren.

5. Nun abwechselnd das Mehl mit der sauren Sahne zum Teig hinzugeben und verrühren. Die Papierförmchen zu ¾ mit Teig füllen und etwa 18–20 Minuten lang backen. Abkühlen lassen.

7. Eine Schüssel mit etwas Essig entfetten. Für die Creme das Eiweiß und den Zucker mit Salz in die Schüssel geben und unter ständigem Rühren über einem Wasserbad erhitzen, bis der Zucker sich auflöst (bei etwa 80 °C).

8. Die Schüssel vom Wasserbad nehmen und mit einem Rührgerät das Eiweiß ungefähr 8 Minuten steif schlagen, bis es abgekühlt ist. Nun die Butter löffelweise unterrühren. Zum Schluss Vanilleextrakt hinzugeben und zu einer lockeren Creme aufschlagen.

9. Die Hälfte der Creme in eine separate Schüssel geben und die grüne Lebensmittelfarbe mit einem Zahnstocher einrühren.

10. Auf die abgekühlten Cupcakes mit einem Messer etwas weiße Creme auftragen und glatt streichen. Man sollte keinen Schokokuchen mehr sehen können.

11. Die grüne Creme in einen Spritzbeutel mit Blatttülle füllen. Diese nun kranzförmig, in 2 Reihen rundherum auf den Cupcakes auftragen, sodass die Mitte ausgespart bleibt. Mit Liebesperlen verzieren.

VERSCHENKEN

Vor allem in der Weihnachtszeit sind Geschenke aus der eigenen Backstube ideal! Sei es eine leckere, selbst gemachte Lebkuchen-Gewürzmischung oder Feines aus eurem Backofen! Hier kommen einige Tipps und Tricks zum Verpacken und Verschenken eurer Leckereien!

GESCHENK-
ideen

Vor allem für das Verschenken von trockenen Keksen eignen sich Schachteln, Tütchen aus Folie/Papier und Marmeladengläser oder Mason Jars.

Material

Schachteln
Tütchen
Marmeladengläser
Mason Jars
Bänder
Garn
Tannenzweige
Stoff
Geschenkanhänger
und vieles mehr

Die Schachteln kann man mit Garn oder Bändern verschließen und z. B. mit Tannenzweigen dekorieren.

Vor allem große Marmeladengläser oder Mason Jars eignen sich zum Verpacken von Keksen oder anderen Kleinigkeiten. Diese kann man mit einem schönen Stofftuch über dem Deckel dekorieren. Die Verschlüsse der Mason Jars lassen sich prima mit weihnachtlichen Motiven schmücken.

Für Cupcakes eignen sich vor allem spezielle Cupcake-Boxen, die es auch häufig mit schönen Weihnachtsmotiven gibt. Zudem kann man die Cupcakes selbst mit weihnachtlichen Papierförmchen oder Steckern noch zusätzlich verschönern!

Handmade with Love

LEBKUCHENGEWÜRZ-*Mischung*

Diese Mischung ist eine tolle Geschenkidee für alle Backbegeisterten und eignet sich auch hervorragend als Vorrat für die eigene leckere Weihnachtsbäckerei.

Zutaten

Für 225 ml Ball Jar

1 TL Nelken
1 TL Ingwer
1 TL weißer Pfeffer
1 TL Kardamom
1 TL Koriander
1 TL Anis
2 TL Muskat
8 TL Zimt

Alle Gewürze vermengen und in ein Glas füllen. Mit einer roten Schleife und einem kleinen Etikett, auf dem steht, was in dem Glas zu finden ist, ist diese Lebkuchengewürzmischung perfekt verpackt.

Trocken, kühl und dunkel lagern.

Tipp

Vor allem in der Weihnachtszeit kann man von dieser Gewürzmischung nicht genug haben, falls doch etwas übrig bleiben sollte, kann man es unbedenklich bis zum nächsten Weihnachten aufheben!

lebkuchen
gewurz

Danksagung

Lange war ein eigenes Buch nur ein Traum und nun ist es so weit und ich kann es kaum glauben! Und dafür möchte ich allen danken, die mich während dieser Zeit unterstützt und begleitet haben. Zunächst meinen Lektorinnen Annika und Juliane und der Edition Michael Fischer für die Idee zu diesem Werk. Danke für die tolle Zusammenarbeit und Unterstützung bei meinem ersten Buch. Vielen Dank an meinen Liebsten, der zwei Monate lang all den Puderzucker und Backwahn ertragen musste – ich verspreche dir, unser Haus bleibt die nächsten drei Jahre puderzuckerfrei! Danke an meine Familie und meine Freunde, die mir stets zur Seite stehen und mich unterstützen mit Ideen, Erledigungen, Testessen und einem offenem Ohr! Danke Mama, dass du mir die Leidenschaft zum Backen mitgegeben hast. Dankeschön an meine Blogger-Mädels Karin, Veronika, Jenni und Julia für eure Unterstützung und Hilfe bei meinem ersten Buch – und Tamara für all dein Zuhören und für dein Verständnis! Liebe Kollegen – was hätte ich nur ohne euch Testesser gemacht! Vielen Dank für das tapfere Essen von Weihnachtsplätzchen im Frühling und all eure konstruktive Kritik und das Lob! Das nächste Mal schreibe ich ein Diät-Buch, versprochen! Das größte Dankeschön geht an meine Schwester, Natasa, die nicht nur meine persönliche Assistentin beim Shooten war, sondern auch meine beste Testesserin, Korrekturleserin und meine liebste Motivatorin! Danke an Mike und Nevin für das tolle Autoren-Fotoshoot – ihr beide wisst wirklich, wie man jemanden in das richtige Licht rückt (www.michaelkrug-photography.com). Zuletzt möchte ich mich noch bei Bea bedanken, denn ohne dich wäre Birds Like Cake nie solch ein Teil meines Lebens geworden. Und natürlich ein großes Dankeschön an all meine Leser – denn ohne euch wäre Birds Like Cake nicht das, was es nun ist!

Ich möchte mich bei folgenden Partnern für die Zusammenarbeit und Unterstützung bei diesem Projekt bedanken:
Die besten Nüsse, Trockenfrüchte und Samen gibt es von Seeberger in gut sortierten Supermärkten oder unter
www.seeberger.de

Die feinsten Weihnachtsgewürze findet ihr bei
www.pure-gewuerze.de

Leckere Extrakte zum Backen, Ahornsirup und Mason Jars findet ihr bei
www.american-heritage.de

Die besten Backhelfer, wie Förmchen, Tüllen oder Lebensmittelfarben findet man von Städter im gut sortierten Fachhandel oder bei
www.staedter.de

Das beste Verpackungsmaterial, Stempel, Cupcake-Dekoration und Holzlöffel findet man bei
www.blueboxtree.de

Schönes Weihnachtsporzellan und weitere Geschenkideen findet man bei
www.raeder.de

Impressum

Bibliografische Information der Deutschen Bibliothek.

Die Deutsche Bibliothek verzeichnet diese Publikation in der deutschen Nationalbibliografie.

Detaillierte bibliografische Daten sind im Internet über http://www.d-nb.de/ abrufbar.

EIN BUCH DER EDITION MICHAEL FISCHER

1. Auflage 2016

Produktmanagement und Lektorat: Juliane Rottach
Covergestaltung: Bernadett Linseisen
Reihen-Layout: Verena Raith
Satz: Viktoria Zettl
Fotos: Sara Plavic

ISBN 978-3-86355-587-0

Printed in Slovakia

www.emf-verlag.de

Die Autorin

Sara Plavic liebt die süßen und schönen Dinge im Leben. Mit ihren Backkünsten verwöhnt Sara neben Freunden und Familie auch ihre Kollegen; denn wenn sie nicht gerade Köstlichkeiten in ihrer Küche zaubert, arbeitet sie als Ärztin in der Frauenheilkunde. Ihre Leidenschaft fürs Backen, Fotografieren und Reisen teilt sie mit ihren Lesern auf ihrem Blog **www.birdslikecake.de**.
Hier findet man neben leckeren Rezepten und originellen Kreationen auch wunderschöne Bilder und spannende Reiseberichte.